AF278699

# LA RUSSIE

# LA FRANCE

## ET

## L'ALLEMAGNE

### EN 1881

## PAR UN RUSSE

PARIS

E. DENTU, LIBRAIRE-ÉDITEUR

PALAIS-ROYAL, 15-17-19, GALERIE D'ORLÉANS

1881

# LA RUSSIE, LA FRANCE & L'ALLEMAGNE

## EN 1881

PARIS

IMPRIMERIE BALITOUT, QUESTROY ET C⁰.

7, RUE BAILLIF, 7

# LA RUSSIE

# LA FRANCE

## ET

## L'ALLEMAGNE

EN 1881

## PAR UN RUSSE

PARIS

E. DENTU, LIBRAIRE-ÉDITEUR

PALAIS-ROYAL, 15-17-19, GALERIE D'ORLÉANS

1881

# LA FRANCE, LA RUSSIE

## ET

## L'ALLEMAGNE

### EN 1881

* * *

Saint-Pétersbourg, ce 11 mars 1881.

*A monsieur le Rédacteur en chef de la* France.

MONSIEUR,

Le courrier nous apporte votre numéro du 8 mars, — en tête duquel se profile votre *Lettre à un Allemand.*

J'ai dit : *se profile;* car, quoique d'allure très-franche et martiale, quoique fièrement campé et presque provocant à force d'être chaleureux, vous êtes cependant loin de *tout* dire.

Le Germain mystérieux que vous sermonnez vous répondra comme bon lui semblera. Cela le regarde. — Pour ce faire, il pourra s'exciter l'imagination par une série de pipes, par la contemplation du dernier buste de M. de Moltke ou tout autre drastique, — et s'il parvient à démolir votre savante argumentation, — cela le regarde encore.

Quant à mes concitoyens, quant à la Russie, que votre allocution *à un Allemand* n'effleure pas même d'une allusion et qu'à première vue on croirait étrangers, — exclus de la question, — nous ne pouvons franchement nous défendre de la pensée, je dirai mieux, de la conviction, que c'est *sur notre dos* qu'a été écrite cette lettre à messieurs les Allemands.

Nous avons bon dos. Cela est incontestable.

Il faudrait cependant n'en pas abuser.

Quelle est en somme votre conclusion.

L'Allemagne va à la banqueroute. Quand sa ruine sera consommée; quand il ne restera d'elle qu'une armée, — pieuvre dévorant les derniers sucs d'un peuple affamé, — alors la France, — riche et prospère, reprendra, — ou, si vous préférez l'euphémisme, — se fera restituer l'Alsace-Lorraine. — Dans cette même époque, jusqu'ici toute fictive, — vous placez « *un remaniement de l'Europe, remaniement imposé par des événements internationaux à venir et dans lequel la France trouverait l'occasion de se faire rendre enfin justice.* »

En d'autres termes :

Fatiguée « *de son attitude inquiète d'un colosse formidablement armé* », l'Allemagne cherchera son salut dans une guerre quelconque, — et à ce moment la France, qui « *jusqu'alors n'aura pas fait une provocation, pas un cri de haine, pas un geste de menace* », — se démasquant soudain, — se ruera sur l'Allemagne pour effacer sa défaite de 1870.

Soit !

Mais, dans cette guerre présumée, dans ce cataclysme général, que vous croyez, j'en suis certain, — plus imminent que vous ne voulez le dire, — quel sera, je vous le demande, le groupement probable des alliances ?

A votre avis la Russie marchera avec la France. — Ne dites pas non, Monsieur ! C'est bien là votre conviction.

L'assurance même de votre langage, l'enjouement hautain de votre plume, votre foi dans l'avenir, tout me dit que j'ai raison. — Vous écartez jusqu'à l'hypothèse d'une autre conjoncture. Cela n'entre pas dans vos idées. Cela n'a pas de place dans l'air que vous respirez.

Pour vous, — pour Paris, — pour la France, — il est un fait acquis, un problème résolu, une vérité assise: c'est que la Russie et la France tomberont ensemble sur la coalition germanique; — nous, — pour emporter Byzance, — vous, — pour reconquérir les deux provinces perdues.

Le pensez-vous, Monsieur, ou ne le pensez-vous pas?

Ou bien compteriez-vous par hasard sur une alliance avec l'Angleterre? J'en doute. Car tout d'abord, de votre propre aveu, le Royaume-Uni a cessé d'être une puissance militaire *sérieuse;* et puis, ses récentes défaites en Afrique ne viennent-elles pas de révéler une fois de plus son impéritie sur les champs de bataille?

Compteriez-vous sur l'Italie, que le mirage séducteur de « *l'Irridenta* » entraîne forcément vers le Tyrol et à Trieste?

Non.

Comptez-vous sur l'Autriche-Hongrie, plus slave qu'allemande, mais en tout cas plus allemande que russophile?

Non plus.

Comptez-vous sur l'Espagne, dernier refuge des Bourbons et du bénitier?

Certes non.

Comptez-vous sur les flottes scandinaves? — sur le Sultan, qui se meurt? — sur la Grèce, qui se démène? — sur une bulle du Saint-Père, qui se dit prisonnier?

Non, mille fois non.

Donc vous comptez sur nous!

Et, puisque dans votre esprit — l'Allemagne, lassée de se consumer en armements, préviendra sa chute en provoquant elle-même une guerre *générale* — vous excluez la supposition d'un simple duel entre elle et la France, — l'Europe assistant en spectatrice indifférente à vos exploits!...

Eh bien, Monsieur, souffrez que je le dise — vous avez tort de compter sur nous! — C'est bien imprudent. C'est bien léger. C'est bien risqué; — et si je déflore vos illusions, ce n'est pas, croyez-le, — par esprit de riposte.

Je me sens la plus sincère, la plus admirative sympathie pour la démocratie française; mais ce sentiment n'entrave en rien une conviction intime qui repose sur des faits; et tant que vous ne m'aurez pas démontré le contraire, et cela jusqu'à l'extrême évidence, — cette conviction demeurera inébranlable.

D'ailleurs, — Monsieur, quelle est aujourd'hui la valeur des ouvertures qu'ont pu faire à la France et que lui ont déjà faites MM. de Giers, de Jomini et autres parasites d'Alexandre II? A mon sens elles n'ont guère plus de consistance que le marivaudage de feu le « roy» Louis XVI en 1792, ou les promesses du très-digne roi Charles I<sup>er</sup> d'Angleterre en 1648, — ou, à toute autre époque, les fanfaronnades de n'importe lequel de ces piteux souverains que Milton appelle : « *the lustful kings*», et dont le pape Léon XII a réglé la procédure de déchéance comme suit: *Rex propter malos mores, malam administrationem, insufficientiam, potest deponi; monendus, postea puniendus, et regno privandus et subditi ab ejus obedientia liberandi.*

Alexandre II a pu faire miroiter à vos yeux ou même vous promettre bien des choses; mais Alexandre II n'est pas la Russie, — et la Russie, elle, — n'a rien promis du tout.

Alexandre II a les yeux tournés vers la coupole de Sainte-Sophie.

La Russie regarde fixement la liberté en Occident.

Alexandre II sacrifie tout au prestige, à l'ambition néfaste de s'installer sur le Bosphore.

La Russie sacrifiera tout pour s'affranchir chez elle de l'insolente imbécillité de son gouvernement.

Vous haussez les épaules, Monsieur ! Vous n'y croyez pas ! Au fait, vous avez raison : c'est votre droit et c'est de notre faute ; car jusqu'à ce jour nous n'avons rien fait qui vaille en fait de Révolution.

1825 n'a été qu'un sanglant avortement, suivi d'idiotisme.

1831 a précipité la Pologne plus plus bas qu'elle n'était.

1862 a produit une hausse sur le bourreau.

1863 et 1864 l'ont élevé au pinacle de son fumier.

1866 nous a valu l'Enfer.

1879 et 1880 ont été 730 jours de gibet (1).

En définitive, et malgré tant de sang versé, malgré tant d'héroïsme, malgré tant de tortures infligées et subies, malgré tant de ruines sur la terre russe, — le droit divin, l'écrasement, l'absolutisme — sont toujours debout, plus menaçants que jamais !

(1) Le 27 février 1881, l'Assemblée provinciale (Zemstwo) de Saint-Pétersbourg — a, sur la motion d'un de ses membres, décidé à l'unanimité d'adresser à S. M. l'empereur une pétition réclamant contre les déportations par voie administrative, lesquelles d'après des données officielles, s'étaient en dix ans (1870-1879) montées à 63.465 individus. (Voir le *Golos* du 2/14 mars 1881.)

Votre scepticisme, je le répète, — est donc très-justifié,

Paris a encore le droit de s'imaginer que le moindre coup de sifflet impérial nous fera marcher comme un troupeau bêlant, droit à l'abattoir ; et la France, j'en conviens, est encore de bonne foi quand elle croit pouvoir se dispenser de compter avec nous, — se contenter de traiter avec les oppresseurs de la Russie, ce qui d'ailleurs lui paraît plus simple et très-suffisant.

Eh bien, Messieurs les Français, continuez donc, si bon vous semble, de tabler sur notre niaiserie ! Continuez de porter nos armées à votre *avoir* et moquez-vous du reste ! Alexandre II n'est-il pas toujours sur le trône ? Et son dévot clergé ne glorifie-t-il pas tous les jours son règne ? Ses courtisans, ses prisons, son fouet, sa Sibérie, sa potence, ne continuent-ils pas d'égorger la pensée humaine ?

Qu'avez-vous donc à craindre de nos misérables scrupules, de notre conscience humiliée ? Qu'avez-vez-vous à redouter de la résistance d'un peuple qui, depuis mille ans, dans sa famine, n'a su trouver de l'or que pour l'orgie de ses tzars ?

Cependant !

Le soleil de 1881 s'est levé sur la Russie dans une buée noire, et sur la terre dévastée, couverte de neige, plongée dans le deuil, — l'ombre s'épaissit à mesure que l'astre sans rayons monte dans le ciel.

Alexandre II allume ses becs de gaz pour dissiper la brume. Ses fanfares retentissent, assourdissantes, pour faire peur au silence. L'*Officiel* sème des récompenses, décore les bourreaux. — Mais le soleil a ses *raisons* pour se voiler, — comme le silence, quand le peuple compte les tombeaux, a ses raisons pour être discret...

Ce que nous avons fait jusqu'ici, — je vous l'accorde, — a été stupide et n'a servi à rien ; mais maintenant que la douleur commune a créé l'union des idées, — notre légendaire niaiserie connaîtra son jour glorieux de réparation.

Bientôt, Monsieur, la démocratie française n'aura pas de difficulté à reconnaître qu'en fait de guerre, nous commencerons par la guerre au pouvoir absolu, ne convoitant pour cela qu'une seule alliance : *l'alliance avec nous-mêmes.*

Quand cela sera, — la démocratie russe fraternisera avec la République française.

Jusque-là, toute alliance de la France avec Alexandre II, l'usurpateur des droits du peuple, sera une alliance *contre* nous, — une injure à notre malheur !

— Jusque-là, chaque goutte de notre sang n'appar-

PARIS

IMPRIMERIE BALITOUT, QUESTROY ET C<sup>e</sup>

7, rue Baillif, 7.